Mes 12 Contes d'animaux

Inspirés des fables de Jean de La Fontaine

Piccolia

Le Rat de ville et le Rat des champs

Il était une fois deux rats, le premier habitait en ville et le second à la campagne. Un jour, le rat de ville invita chez lui le rat des champs. Arrivé dans la maison le rat des champs fut extasié par tant de choix.

« Ces plats sont délicieux ! s'exclama-t-il.

- Il n'y a pas mieux que la ville pour trouver de la bonne nourriture », répondit le rat de ville.

Le repas se passait à merveille, les deux amis passaient un moment agréable lorsque soudain un bruit de pas se fit entendre derrière la porte. Les rats s'enfuirent à toute vitesse et se cachèrent en lieu sûr. Peu de temps après, le danger écarté, ils revinrent à leur dîner. Mais le cœur n'y était plus, le festin était gâché. Le rat des champs était sans cesse sur le qui-vive et avait perdu son appétit. Alors avant de partir, il donna un conseil à son ami.

« Si tu veux faire des vieux os, écoute bien ce conseil : pour bien vivre et profiter, sans peur ni mauvaises surprises, laisse derrière toi la grande ville pour la campagne et sa sérénité. »

Le Renard et la Cigogne

Il était une fois une cigogne et un renard qui étaient bons amis. Ils aimaient beaucoup discuter et faire de longues promenades. Quand vint l'heure du souper, le renard invita la cigogne à partager son repas.
« Entrez donc mon amie et mettez-vous à l'aise. Je vais préparer les assiettes. »
Le renard revint avec deux assiettes de soupe. Mais la cigogne, avec son long bec, ne put en boire une seule gout
Le renard n'y fit pas attention, finit son assiette ainsi que celle de la cigogne, qui rentra chez elle le ventre vide.
Mais cette dernière se promit de ne pas en rester là. C'est ainsi que quelques mois plus tard, elle invita son ami le renard pour le déjeuner. Il accepta sans hésiter.
« Je me régale d'avance de ce que la cigogne va me préparer », dit-il.
La cigogne prépara un fabuleux repas qu'elle servit dans des vases à long col. Si la cigogne, grâce à son long bec, parvint à tout attraper, le renard, lui, ne put rien manger. Il repartit chez lui affamé et avec cette leçon : quand on trompe et qu'on se moque des autres, il faut s'attendre à recevoir la pareille.

La Belette entrée dans un Grenier

Une jeune belette se promenait en forêt lorsqu'elle aperçut un grenier.

« À cette saison, il doit y avoir plein de bonnes choses à l'intérieur. Cela fait plusieurs jours que je ne suis pas sortie de mon lit à cause de cette maudite fièvre. »

La belette avait peu mangé et était très amaigrie mais surtout affamée. Faisant le tour, elle trouva un petit trou et sans problème elle entra dans la pièce. La belette mangea du jambon, des pommes, du grain... et cela sans retenue. Pendant une semaine, elle prit d'énormes repas sans prendre garde à sa belle ligne. Un matin, elle entendit un bruit et fuit en direction du petit trou. Mais voilà, sa tête passa mais à partir du cou elle resta coincée.

« Que se passe-t-il ? Ce ne doit pas être par là que je suis entrée ! »

Après avoir fait quelques tours, elle dut se rendre à l'évidence.

« C'est bien le bon trou mais je ne comprends pas, il a rétréci... »

Un rat qui la voyait en peine lui dit :

« Il y a quelques jours vous êtes arrivée maigre, il faudra repartir ainsi ! Alors jeûnez maintenant ! »

Le Lion et le Rat

Il était une fois un lion qui dormait paisiblement à l'ombre d'un arbre. Il fut soudain réveillé par un rat qui sortit de sous ses pattes. Très en colère, le lion dit au rat :
« Sachez Monsieur qu'il est impoli de réveiller quelqu'un de telle manière ! »
Le rat, tout confus, répondit :
« Veuillez me pardonner sire, je ne l'ai pas fait exprès. S'il vous plaît, ne me mangez pas ! »
Le lion, humble roi des animaux, se radoucit et lui promit de ne pas le manger. Le rat sut s'en souvenir quand un jour, il découvrit le lion pris dans les filets d'un chasseur. Le grand félin avait eu beau rugir de toutes ses forces et se débattre, il restait pris au piège. Le petit rongeur, quant à lui, donna un coup de dents dans l'une des mailles du filet, qui se défit d'un seul coup. Le lion, une fois libéré, remercia chaleureusement son ami.
Il est facile de croire que lorsqu'on est grand et fort, on peut se sortir de toutes les situations. Mais il ne faut pas oublier que parfois, on a aussi besoin d'un plus petit que soi.

Le Héron

Un jour, un héron s'approcha de la rivière. Il était beau, gracieux, à l'allure fière. Il gardait la tête haute, déniant à peine jeter un œil sur l'eau transparente. Pourtant, une belle carpe grassouillette y faisait des ronds. Et un brochet encore plus appétissant s'avança vers la berge imprudemment.
« Il est vrai, se dit le héron, que cela pourrait être un bon repas mais je préfère attendre un peu. Je n'ai pas encore très faim. Plus tard, je me ferai un festin ! »
Quelque temps après, son ventre se mit à gargouiller. Le héron pensa :
« C'est le bon moment pour pêcher mon repas ! Je vois des tanches nager. Bof ! Elles n'ont pas l'air assez goûteuses pour mon souper. Moi, le héron, j'ai un goût raffiné ! »
Il vit ensuite un goujon. Mais était-ce bien la peine d'ouvrir le bec pour ce poisson ? Le temps d'en décider, le goujon partit loin !
Cependant, son ventre commença à vraiment s'impatienter. Le héron se dit :
« Bon ! Il est temps de manger ! »
Sauf qu'il ne vit plus aucun poisson dans la rivière. Il avait beau baisser la tête et courber son long cou, il n'y trouvait plus rien du tout ! Finalement, il ne pêcha aucun poisson et il fut très heureux de manger... un petit limaçon.
Parfois, il ne faut pas être trop difficile pour faire ses choix, sinon on se retrouve sans rien.

La Cigale et la Fourmi

Il était une fois, une cigale qui avait une belle voix. Aussi elle passa tout l'été à s'écouter chanter en se faisant dorer les ailes au Soleil. Tandis qu'elle paressait, la fourmi sa voisine travaillait sans s'arrêter. Elle partait tôt le matin et rentrait tard le soir pour chercher de la nourriture et remplir ses tiroirs. Elle savait qu'elle viendrait à manquer quand le froid reviendrait. Et que de travaux à faire pour que sa maison supporte un autre hiver !

Quand le mauvais temps s'installa, la cigale eut bien faim.
Elle n'avait rien d'autre à grignoter que des plantes gelées.
Et impossible de se réchauffer dans sa vieille maison abandonnée durant l'été. Elle alla alors frapper à la porte de la fourmi :

« Chère amie, pourrais-je profiter de votre abri ? Je n'ai rien à manger ni d'endroit où dormir. Je sais comme vous êtes prévoyante, peut-être pourrions-nous partager maison et provisions jusqu'au printemps ?

- Mais que faisiez-vous donc quand il faisait beau ? rétorqua la fourmi.

- Je chantais, voyons !

- Eh bien, vous n'avez qu'à danser maintenant, cela vous tiendra chaud. J'ai travaillé durement pour mériter mon repos. »

La Grenouille qui veut se faire aussi grosse que le Bœuf

Il était une fois une grenouille qui se promenait dans la campagne.
Soudain, elle s'arrêta devant un bœuf et dit :
« Quel bel animal ! Quelle taille et quelle allure. Je me dois de lui ressembler pour être la plus impressionnante des grenouilles. »
C'est alors que la grenouille se mit à grossir, à gonfler et à enfler.
Entre chaque respiration, elle demandait au bœuf :
« Cher ami, suis-je assez grosse maintenant ? »
Et le bovin de lui répondre :
« Pas encore Madame, vous êtes loin d'avoir ma taille. »
Et la grenouille continua de grandir et de s'élargir, tant et si bien qu'à la fin elle éclata.
Il ne faut pas essayer de passer pour ce que l'on n'est pas.
À tant vouloir ressembler aux autres, on finit par se perdre.

La Poule aux œufs d'or

Il était une fois un pauvre paysan dont le champ était difficile à cultiver. Presque rien n'y poussait, ni les légumes ni le blé. Un jour, il dépensa son dernier sous pour acheter une poule au marché.
« Au moins aurai-je des œufs frais », se dit-il attristé.
Cependant quand il entra dans le poulailler ramasser la première ponte, il découvrit stupéfait que les œufs étaient en or ! Il ne manquerait plus de rien grâce à ce fabuleux trésor. Mais persuadé que la poule avait d'autres richesses dans le ventre, il la tua sur-le-champ. Sa poule morte resta semblable à toutes les autres et il redevint pauvre aussitôt.
À vouloir tout gagner, on finit par tout perdre.

Le Chêne et le Roseau

Un chêne majestueux dit un jour au roseau :
« Comme tu es fragile, mon pauvre ami. Un petit moineau posé sur toi, c'est un vrai fardeau !
- C'est bien aimable, mon cher chêne, répondit le roseau, de vous soucier de mon sort, mais je ne m'en plains guère. Je me trouve costaud ! »
Le chêne secoua ses grosses branches en riant :
« Toi ? Costaud ? Tu dois baisser la tête au plus léger vent. Un tout petit souffle te secoue alors que mes branches épaisses ne bougent pas du tout. Je t'inviterais bien volontiers à vivre à l'abri du vent, sous mon feuillage puissant, mais tu dois rester près de l'eau. Quelle vie difficile as-tu, mon petit roseau ! La nature a été bien injuste envers toi.
- Moi, je ne le trouve pas, dit le roseau. La nature m'a offert une tige souple mais solide. Quand le vent souffle, je me plie, certes, mais je ne me casse pas ! Tandis que vous, chêne centenaire, malgré votre grandeur, vous êtes plus fragile face à la tempête, à l'orage, aux éclairs. »
Le chêne regarda le roseau avec mépris :
« Moi ? Fragile ? Laisse-moi rire ! »
Mais peu de temps après cette discussion, un vent épouvantable souffla sur la région. Le chêne s'accrochait à la terre de toutes ses forces. Et le roseau se pliait encore et encore. Bientôt, quelques racines du chêne furent arrachées du sol. Pendant que le petit roseau résistait et résistait. Soudain, dans un grand fracas, le chêne s'écroula.

Le Corbeau et le Renard

Il était une fois un corbeau fort habile qui vola un fromage des mains d'un fermier. Il s'installa sur la plus haute branche d'un arbre, très fier de pouvoir déguster un si savoureux repas.
« Bonjour Monsieur le Corbeau », entendit-il alors.
Il baissa les yeux et aperçut un renard d'une belle couleur de feu. Mais lui ne serait pas capable d'attraper pareil festin, c'est certain !
« Je vois que vous êtes un excellent chasseur, continua le renard. Votre vol est gracieux et votre plumage splendide. Ah, si seulement vous saviez chanter, il ne fait aucun doute que vous seriez le roi de tout le bois. »
Le volatile ne put résister à l'envie de montrer comme sa voix était jolie. Mais en ouvrant grand le bec, son morceau de fromage lui échappa ! Il tomba tout droit dans la gueule ouverte du rusé renard.
« Si vous n'étiez pas si arrogant, peut-être auriez-vous gardé votre repas, ricana le renard. Il faut parfois savoir être humble pour être roi. Et s'avérer un peu malin... »
Confus, le corbeau se jura de ne plus se faire avoir. Mais pour l'heure c'était trop tard : son ventre resterait vide jusqu'au soir.

Le Lièvre et la Tortue

Il était une fois un lièvre qui prétendait être l'animal le plus rapide de tous. En effet, ses longues pattes lui permettaient d'atteindre de grandes vitesses. Lassée de l'entendre se vanter, la tortue lui proposa alors un défi :
« Je vous parie, Monsieur le Lièvre, que je franchirai la première la ligne d'arrivée. »
Le lièvre, qui fut touché dans son orgueil, se moqua de la tortue mais accepta de faire la course.
« Regardez, disait-il à ses congénères, voici la course la plus drôle que j'aie jamais faite ! Madame la Tortue vous allez voir qu'il ne faut pas me défier. »
Plein d'assurance et d'arrogance, le lièvre laissa de l'avance à la tortue qui prit le départ de son pas lent. Le lièvre en profita alors pour manger, discuter avec ses amis et il fit même une petite sieste. Pendant ce temps, la tortue continuait d'avancer à son rythme. Quand le lièvre se réveilla, il vit avec stupeur que son adversaire allait franchir la ligne d'arrivée. Il courut alors aussi vite qu'il put mais ne parvint pas à rattraper la tortue, qui passa la ligne d'arrivée en premier.
« N'avais-je pas raison Monsieur le Lièvre ? À quoi vous sert de courir vite si vous n'utilisez pas aussi votre tête ?! »
Le lièvre, tout penaud, se rendit compte alors qu'il ne servait à rien de faire les choses précipitamment si c'était pour ne pas les faire correctement.

Le Loup, la Chèvre et le Chevreau

Il était une fois une chèvre qui s'en allait ramasser un peu d'herbe pour dîner. En fermant bien la porte avec le loquet, elle dit à son enfant :

« Reste très prudent ! Tu es encore un petit chevreau et tu n'es pas bien costaud. Méfie-toi du loup ! C'est une race espiègle. Garde toujours la porte fermée pour rester en sécurité.

- Mais, maman, dit le chevreau dégourdi, si c'est toi derrière la porte, comment le saurai-je ?

- Si c'est moi, tu entendras ces paroles : "le loup est très bête et le chevreau, ce n'est pas une côtelette !"

La chèvre dit ce mot de passe un peu trop fort car, justement, un loup affamé passait à ce moment.

Il entendit tout et se frotta les pattes. Il se dit, ravi :

« Ce soir, je vais manger un rôti ! »

Il s'approcha de la porte à pas de loup, adoucit sa voix, puis dit, quoiqu'avec dégoût :

« Le loup est très bête et le chevreau, ce n'est pas une côtelette ! »

Le loup ouvrait déjà grand sa gueule quand il entendit une petite voix :

« J'ai quand même un soupçon, dit le chevreau très prudent. Il y a une petite fente en bas de la porte. Montre-moi ta patte droite. Si elle est blanche, comme celle de ma maman, je t'ouvrirai la porte.

- GRRR ! » hurla le loup de sa voix effrayante. Puis, il partit furieux dans les bois.

Le petit chevreau se montra plus malin que le loup, parce que deux précautions valent mieux qu'une seule !